Der Gang zur Quelle

Gedanken über die Taufe
Jörg Zink

Verlag am Eschbach

2

Vor einiger Zeit, es war ein wundervoller Sommertag, stand ich in einer alten Dorfkirche im Kreis meiner großen Familie, um zwei meiner kleinen Enkelkinder zu taufen. Es war ein festlicher Tag voll Herzenswärme und Zuversicht.

Auf dem Arm ihrer Mütter kamen die Kinder zum Taufstein. Und die jungen Frauen taten, was ungezählte Vorfahrinnen getan hatten: Sie brachten ihr Kind an die Quelle. Sie brachten es vor den Gott, der ihnen ihr Wesen, ihre Gestalt und ihre Schönheit gegeben hatte und ihr Schicksal. Sie reichten es zurück an den Schöpfer alles Lebendigen und vertrauten es ihm für seinen weiteren Weg an. Damit sagten sie – mit oder ohne Worte: Mein Kind ist nicht mein Besitz. Es ist mir anvertraut. Es geht auf sein eigenes Leben zu, und ich danke Gott, daß ich es schützen und lieben und fördern darf, solange es mich braucht.

Mit diesem Gang zur Quelle danken sie aber Gott auch dafür, daß sie nicht für alles verantwortlich sind, was ihren Kindern widerfährt, und bitten darum, daß an ihrem Kind Gottes Willen geschieht und nicht ihr eigener. Denn sie stehen in der Tat nicht für alles gerade, was da in Jahrzehnten wachsen und reifen und immer auch gefährdet sein wird, solange sie wissen, daß da ein Anderer seine Hand im Spiel hat. Und das wird ihnen und allen, die um ihr Kind her sind, in schweren Zeiten, die mit großer Gewißheit kommen werden, eine entscheidende Hilfe sein.

Was wir in der Taufe feiern, reicht mit seinen Ursprüngen zurück in die Anfänge der Menschheitsgeschichte. Von jeher erlebten die Menschen das Wasser in seinen vielen Gestalten. Sie erfuhren es als Element des Lebens und Todes zugleich und sahen in ihm ein Urbild ihres eigenen Lebens- und Todesschicksals. Und so versuchten sie, ihr Schicksal im Zeichen des Wassers zu deuten, indem sie Quellen aufsuchten, sich wuschen oder in Flüssen untertauchten, um Leben und Reinheit zu gewinnen.

Die Taufe nimmt dieses alte heilige Zeichen auf und gibt ihm den besonderen Sinn, der durch Jesus Christus ihm gegeben wurde.

Wenn Sie, verehrte Leser, in eine Kirche kommen, kann Ihnen ein Taufstein auffallen wie der in der Stadtkirche von Freudenstadt im Schwarzwald. Diese alten Taufbecken sind als die untere Hälfte einer Kugel gestaltet und mit Wasser gefüllt. Das sollte sagen: Die Welt, die wir Menschen kennen, ist nur die untere Hälfte des Ganzen der Welt Gottes. Und diese unsere untere Welt ist mit Wasser gefüllt, mit dem Element, aus dem wir alle leben und in dem wir im Tode untergehen.

Darum tauchte man früher die Täuflinge ganz ins Wasser ein und sagte dabei nicht etwa: »Wir taufen ein Kind«, sondern: »Wir heben ein Kind aus der Taufe«. Denn das war ja das Wichtige: Dieses Kind war hereingeboren worden in diese untere Welt, in der es nach seinem kurzen oder langen Leben auf alle Fälle dem Tod ausgeliefert ist. Wir aber heben es aus der Tiefe dieses tödlichen Elementes heraus zum Zeichen der Auferstehung, die wir erleben werden, wenn wir sterben.

An der Außenwand des Taufsteins in Freudenstadt ist dargestellt, wie allerlei Mächte miteinander und gegeneinander kämpfen, sich umschlingen und gegenseitig fressen. Und den Sockel bilden verschiedene dämonische Wesen aus der Tiefe dieser Welt, die sich dort austoben, wo Menschen eigentlich glücklich leben wollen. Wenn die Mächte aus der Tiefe nicht überwunden werden, so sagen die Bilder dieses Taufsteins, gibt es keine Rettung für uns Menschen.

Daß so der Täufling aus der Tiefe – die Wörter Tiefe und Taufe hängen zusammen – herausgehoben wird zu einem neuen Leben, erinnert an die alte Geschichte von der Erschaffung der Welt. Sie erzählt – und sie ist so wahr, wie die großen Bilder in der Menschenseele wahr sind –, im Anfang habe der Geist Gottes über dem Urchaos geschwebt, über dem tiefen, unbekannten Dunkel.

Da habe Gott ein Wort gesprochen, in dem sein Wille und seine schaffende Kraft zum Ausdruck kam, und die Welt habe sich aus der Urflut gehoben, die Ordnung der Schöpfung habe sich herauskristallisiert, das Leben des Lebendigen habe begonnen, sich aus dem Wasser erhebend. So sprechen

4

wir in der Taufe den Namen Gottes aus und sehen den Geist aus Gott über der Seele eines Menschen. Wir glauben an ein Leben, das nicht endet, ein Leben aus dem Geist, und geben dem Ausdruck. Denn Schöpfung geschah nicht nur am Anfang, sie geschieht täglich und in jedem Augenblick, sie geschieht in den Gestalten von Stiftung und Wandlung, als Stiftung von Leben und als Wandlung des Lebendigen Tag um Tag.

Die Geschichte von Jesus erzählt, er habe sich selbst einer Taufe unterzogen. Er sei eines Tages als junger Mann, ehe er öffentlich auftrat, an den Jordan hinuntergegangen zu Johannes, dem Propheten, der dort unten die Menschen mit einer Taufe auf einen neuen Weg führte, der auf das Gottesreich der Gerechtigkeit zulaufen sollte, und Johannes habe ihn unter das Wasser getaucht. Dabei habe Jesus den Geist Gottes geschaut, herabkommend vom Himmel, wie eine Taube sich herabschwingt.

Auf der sog. »Goldenen Tafel von Lüneburg« – einer Bilderwand mit 36 Szenen aus der Jesusgeschichte, Anfang des 15. Jahrhunderts von einem unbekannten Meister gemalt und heute im Niedersächsischen Landesmuseum in Hannover – ist die Taufe Jesu dargestellt. Links oben erscheint Gott, der Vater, zeigt mit der Rechten auf Christus und hält in der Linken ein Spruchband. Darauf steht geschrieben, was Gott gerade spricht: »Das ist mein lieber Sohn! An ihm habe ich Wohlgefallen.« Rechts unten stehen zwei Engel – Boten der oberen Welt – wie Taufzeugen oder Diakone, die an der heiligen Handlung mitwirken. Der vordere hält das Taufgewand und eine kleine kreuzförmig gestaltete Dose; sie enthält Chrisam, das kostbare Salböl, mit dem in der katholischen und orthodoxen Kirche der Scheitel des Täuflings gesalbt wird. Links steht zwischen den Blumen eines kargen Bodens Johannes der Täufer im härenen Gewand. In dem schmalen, rasch fließenden Wasser beugt Jesus die Knie und empfängt mit gekreuzten Armen das Wasser der Taufe. Und über Jesus schwebt die Taube des Heiligen Geistes.
Dazu muß man wissen, daß der Jordan, der ja in der tiefsten Senke dieser Erde 400 m unter dem Meeresspiegel ins Tote Meer mündet, für die alten Völker als der »Fluß des Todes« galt. Es ging also nicht nur, wie wir manchmal meinen, darum, daß das Wasser reinigte von allerlei Befleckung, sondern darum, daß Jesus Christus eintauchte in das Element des Todes, um das Schicksal der Menschen um ihn her mit zu übernehmen und für sie und ihnen voraus aus dem Tode wieder aufzustehen.

6

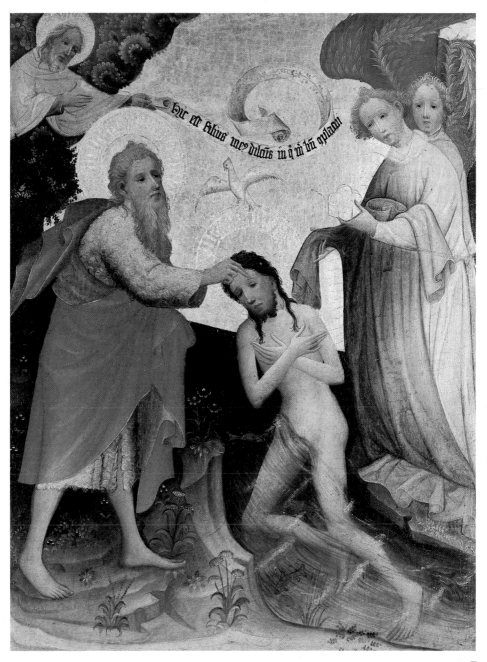

Hic est filius meus dilectus in quo bene complacui

7

Wenn die Priester der orthodoxen Kirchen von Jerusalem am Osterfest die Auferstehung von Jesus aus dem Tod feiern, dann gehen sie hinunter an das Ufer des Jordan, tauchen brennende Kerzen in das Wasser und heben sie wieder heraus, um sie danach auf den Altar zu stellen als Zeichen des lebendigen Lichts.

So ist es auch eine alte Sitte, bei einer Tauffeier eine brennende Kerze ins Taufwasser zu tauchen und sie danach der Mutter zu übergeben. Wenn sie es schön findet, wird sie diese Kerze immer am Jahrestag der Taufe ihres Kindes anzünden mit der Bitte an Gott, ihrem Kind Leben zu verleihen, glückliches und sinnvolles Leben auf dieser Erde, und neues Leben, wenn es einmal den Weg durch den Tod gehen wird.

Aber die Taufe redet auch von uns selbst und von dem, was im Laufe unseres Lebens aus uns werden soll. Es liegt eine Berufung in ihr. Sie sagt – und sie erinnert dabei wieder Jesus Christus: Du bist auf einen Weg berufen, auf dem mehr geschehen kann, als daß du nur eben dein Leben hinter dich bringst. Es kann Gerechtigkeit von dir ausgehen. Es kann um dich her Frieden entstehen. Andere können von dir Trost empfangen oder Hoffnung.

Wenn du begriffen hast, daß alles Leben in irgendeiner Weise Stellvertretung sein wird, dann wird, was Christus getan hat, auch an dir sichtbar sein: Daß du fähig bist, das Leid anderer mitzuleiden und nicht nur über das eigene zu klagen. Daß du fähig bist, deine Schuld nicht nur zu verheimlichen, sondern sie zu tragen und die Schuld anderer vielleicht noch dazu. Daß du fähig bist, die Schuld anderer nicht anzurechnen, sondern mit ihnen immer und immer wieder neu anzufangen.

Du bist also gemeint, wenn Christus von dem Menschen redet, der von Unheil und Tod erlöst ist. Von dem freien, aufrechten, sehenden Menschen, der es mit seiner Zukunft und seinem Auftrag aufnimmt, dem die Kräfte zufließen, die er braucht und die er nicht aus sich selbst holt. Du brauchst nicht in Angst unterzugehen und dich nicht in deiner Sorge zu verzehren. Du bist von Gott, wie du bist, bejaht und geliebt und darfst dich ihm, was immer geschehen mag, aus ganzem Herzen anvertrauen.

9

Der Maler Jan Joest hat Anfang des 16. Jahrhunderts das Geheimnis des Wassers in seinem Bild »Die Samariterin am Jakobsbrunnen« dargestellt (am Hochaltar der Nicolaikirche in der niederrheinischen Stadt Kalkar). Er malt die Szene, wie Jesus auf einer Reise an einem Brunnen Rast macht und dort mit einer Frau ins Gespräch kommt. Sie will Wasser holen. Im Gespräch stellt sich heraus, daß sie ihr ganzes bisheriges Leben hindurch vergeblich auf der Suche nach dem »lebendigen Wasser«, nach Glück und Sinn, unterwegs war. Deshalb malt Jan Joest dicht an dem schönen Gesicht der Frau entlang eine schwere Eisenkette als Zeichen einer tiefen Gebundenheit und Unfreiheit. Und doch: Sie holt aus dem Brunnen Wasser. Sie schüttet es in ihren Krug. Und Jesus hebt die Hand, wie um zu sagen: Ich will dir dieses Wasser segnen, daß es dir das Leben bringt, das Leben, das aus dem Geist und aus der Wahrheit ist. Sie steht in einem roten Gewand und pelzbesetztem Mantel, in schwarzsamtenem Kopfschmuck und zartem Schleier, so kostbar und behütet, wie eine Frau nur dort leben kann, wo es an den Gütern dieses Lebens nicht fehlt. Es ist schwer vorstellbar, daß eine Frau von solchem Wohlstand zu Zeiten des Jan Joest oder gar zu Zeiten Jesu mit einem so schweren Krug selbst zum Brunnen ging, um Wasser zu holen. Aber der Maler will ja eben sagen, daß die Armut dieser Frau auf einer ganz anderen Ebene lag als auf der des Mangels an Gütern. Ihr fehlte das Leben selbst.

Das Evangelium erzählt nichts weiter von ihr, etwa darüber, wie es bei ihr dazu kam, daß sie so hoffnungslos auf der Suche nach dem Leben war. Die Enttäuschungen mögen früh angefangen haben. Die Erwartungen mögen falsch gewesen sein, die ersten Erfahrungen ernüchternd. Vielleicht hatte sie nur ein wenig Bejahung gesucht und nicht gefunden, ein wenig Verstehen, ein wenig Güte, und vielleicht war es gar nicht Unmoral, was sie von einem Liebesversuch zum anderen trieb, sondern nur ihre sehnsüchtige Hoffnung, was sie erlebt hatte, möchte doch um Gottes Willen nicht alles gewesen sein.

Es möge doch noch irgendeinen Trost für einen verlassenen Menschen geben, ein klein wenig Zartheit für einen geschlagenen und enttäuschten, der immer nur gebraucht und verbraucht worden war.
Es könnte die Geschichte von Millionen Frauen – und auch Männern – von heute ebenso sein wie die Geschichte jener Frau mit ihrem stillen, schönen Gesicht.

Der feinere, geistigere Bruder dieser Frau, der dasselbe tut, nur eben mit dem Charme des geistigen Suchers, ist jener Doktor Faust, dessen hohes Lied Goethe gesungen hat und der von sich sagt:

»Man sehnt sich nach des Lebens Bächen,
ach, nach des Lebens Quelle hin …«

und dessen lange Reise über Liebe, Erkenntnis, Abenteuer und Macht bis zu der Resignation führt, die in der Meinung zum Ausdruck kommt, es komme wohl nicht auf die Quellen des Lebens selbst an, sondern auf die ewige Unruhe, mit ungesättigtem Hunger und ungestilltem Durst immer weiter zu suchen, unablässig, ohne Ende und Ziel.

Es muß wohl Absicht gewesen sein, daß der Maler die schwere, eiserne Kette so genau an Gesicht und Arm der Samariterin entlangführte, als sei sie ein Stück ihrer selbst, als gehöre die Kette noch dichter zu ihr als der Kopfschmuck und der Pelzkragen. Und in der Tat: Wir verstehen die Erlösung nicht, wenn wir die Ketten nicht sehen, die uns fesseln, binden und beschweren. Denn dazu kam Jesus zu uns hinfälligen, um unser Glück besorgten und von unserer Sorge gebundenen Menschen, um uns mit brüderlicher Zärtlichkeit und Behutsamkeit frei zu machen.
Und dies ist das Geheimnis der Menschwerdung Gottes: Der Schwache gibt die Kraft. Der als Fremder an die Brunnen der Menschen kommt, gibt das Wasser, das in Ewigkeit allen Durst löscht. Der Barmherzige weckt im sorgsamen Gespräch das Gewissen, nicht indem er verurteilt, sondern indem er das lebendige Wasser anbietet, den Trost der Nähe Gottes, das Element, in welchem sich das Leben der Menschen zu wandeln vermag.

Die Geschichte von der Samariterin am Jakobsbrunnen führt uns durch ein Gespräch, in dem es letztlich um den Sinn des Menschenweges auf dieser Erde geht. Wenn Sie es nachlesen wollen: Es steht im Johannesevangelium, Kapitel 4. Wovon eigentlich lebt der Mensch? ist ihre Frage. Und Jesus gibt gegen Ende die Antwort: Ich lebe davon, daß durch mich Gottes Wille geschieht. Und so deutet er auch das »Wasser«, das die Frau sucht. Denn sie sagt ja: Ich möchte ein Wasser finden, das meinen Durst für immer stillt.

Es ist eine Erfahrung, die der machen kann, der in den Alpen wandert: Er kommt durstig an ein Schneefeld oder eine Gletscherzunge und trinkt das tauende Wasser. Aber es stillt den Durst nicht wirklich. Kommt er wenige hundert Meter tiefer an eine Quelle, die aus der Erde bricht, so entdeckt er den Unterschied. Wasser erquickt erst wirklich, wenn es in die Erde eingedrungen, durch die Erde geflossen und als Quelle wieder ans Licht getreten ist. Ein Wort, das von oben herab tönt, tröstet nicht. Es muß durch einen Menschen wie durch Erde hindurchgegangen sein und sich in ihm, in der Dunkelheit seines Wesens und Schicksals, verändert haben. Das Wort von Gott tröstet, weil es aus dem Munde jenes Meisters kommt, der zu uns herabkam.

Das will Jan Joest mit seinem Bild sagen: daß der Mensch schön gedacht ist und zu einem großen Ziel berufen. Daß ihm das Leben zugedacht ist und nicht das Elend. Niemand von uns weiß, warum auf dieser Erde alles so ist, wie es ist. Warum alles so läuft, wie es läuft. Aber wir brauchen – das ist eine wunderbare Entlastung – nicht die zu sein, die ihrem Leben die Deutung und den Sinn geben. Wir brauchen uns nicht selbst zu trösten. Wir brauchen nicht unsere eigenen Retter zu sein oder unsere eigenen Liebhaber.

Ich wünsche all den Kindern, die ich im Lauf meines Lebens getauft habe, daß ihnen die, die zu ihnen gehören, darin vorausgehen, von den Großeltern an bis zu den Paten und Eltern und Freunden.

14

Wenn wir einem Kind Wasser über die Stirn laufen lassen, sprechen wir: »Ich taufe dich auf den Namen des Vaters und des Sohnes und des Heiligen Geistes.« Wir nennen also den dreieinigen Gott. Damit sagen wir nicht, Gott bestehe aus drei Teilen. Wir nennen vielmehr die drei Weisen, in denen es uns gegeben ist, Gott zu begegnen:
Wir stehen im großen Zusammenhang der Schöpfung und wissen uns geschaffen durch die Hand Gottes. Das ist das erste. Wir hören die Stimme des Mannes aus Nazaret und wissen uns durch ihn von Gott angesprochen und gefordert. Das ist das zweite. Und wir erleben in uns selbst die wandelnde und erneuernde Kraft des Geistes, der aus Gott ist. Das ist das dritte. Wir werden nie sagen können, wie Gott ist, sondern immer nur, wie wir ihm begegnen. Und ich meine, das sei genug.
Indem wir unsere Beziehung zu Gott in diese drei Worte fassen, bezeichnen wir zugleich unseren Auftrag an der Welt, an den Menschen um uns her und zuletzt an uns selbst und unserem inneren Menschen. In dieser Dreiheit. Und das ist der Sinn dieser alten Formel von der Dreieinigkeit, von den drei Aspekten sozusagen des einen Gottes.

Damit bezieht die Taufe uns in die Gemeinschaft der Kirche ein. Wer getauft ist und weiß, was das bedeutet, der findet sich in einer weltweiten Dienstgemeinschaft, von seiner unmittelbaren Nachbarschaft an bis zu den letzten und elendesten Menschen in irgendeinem Elendsquartier dieser Erde. Er wird aussprechen, wovon er lebt, und wird es in der Sprache des Gottesdienstes tun oder in der Sprache der Politik oder in der Sprache irgendeines Lebensumkreises, in dem er zu wirken hat. Er wird sich dem, was um ihn her in der Welt geschieht, zuwenden und wird seinen Glauben einbringen und seine Einsicht, seine Kraft und seinen Mut und vor allem die Hoffnung, die ihm die Taufe gegeben hat.

Nun ist es in unseren Jahren nicht ganz leicht, zugleich mit wachem Herzen zu sehen, was geschieht, und den Mut zur Zukunft zu bewahren.

Die Welt, auf die unsere Kinder und Enkel hinleben, scheint von Gefahren bedroht, wie sie noch keine Generation erfahren hat. Wir wissen alle, daß sie einem Schicksal entgegengehen könnten, das wir ihnen mit aller Leidenschaft unseres Herzens gerade ersparen möchten, indem wir unsere Stimme erheben gegen das Unheil.

Dennoch wagen wir es, Kindern das Leben zu geben. Wir haben es seinerzeit gewagt, als wir eben aus einem schrecklichen Krieg kamen. Und unsere Kinder haben es gewagt, heute, da des Schrecklichen nicht weniger geworden ist. Wir geben aber unseren Kindern das große alte Zeichen der Taufe mit, das wie ein Gegenbild gegen die Bilder des Unheils steht, wie eine Gegensprache gegen die Sprache des Schrecklichen.

Denn wir möchten, daß unsere Kinder nicht erst später, sondern jetzt schon, in ihren Kinderjahren, glücklich sind, damit sie es auch später sein können. Damit sie sich bewahrt wissen – jetzt und später, in allem, was geschieht.

BEHÜTET WIE EIN KIND

Auf der anderen Seite des Taufsteins von Freudenstadt (vgl. S. 4f.) kämpfen zwei Tiere gegeneinander. Ein Panther springt gegen das Maul eines Drachens vor. Das ist die Welt, sagt der Bildhauer, der dies vor etwa neunhundert Jahren in den rauhen Sandstein gemeißelt hat. Krieg und Haß, Fressen und Gefressenwerden, Feuerspeien und Zähneblecken, das ist ihr Kennzeichen. Sehen wir genau zu, so faßt der Panther eben mit den Zähnen eine Schlange, die sich unter den Hals des Drachens zu flüchten sucht.

Wenn zwischen diesen Mächten, so möchte man weiter denken, im Toben der Teufel und Dämonen, ein Mensch stünde, so wäre er verloren. Diese Welt hat keinen Raum für einen Menschen, der ein Mensch und nicht selbst ein Raubtier sein will. Und doch: Gerade hier, mitten im höllischen Tanz der Untiere, eingekesselt zwischen dem Maul des Drachens, dem

Panther und der Schlange steht ein kleines Zeichen: ein Keim mit drei Blättern. Wie ein Lebensbaum im kleinen, wie eine eben aufbrechende Pflanze steht, haarscharf am Rand des Mauls und halb eingefaßt durch den geringelten Schlangenleib, der Mensch, der mit dem kleinen Keimling gemeint ist, der gerettete Mensch, dem in all dem Streit aller gegen alle nichts geschehen kann.

»Er hat seinen Engeln befohlen,
daß sie dich behüten auf allen deinen Wegen,
daß sie dich auf deinen Händen tragen
und du deinen Fuß nicht an einen Stein stoßest.
Über Löwen und Ottern wirst du gehen,
junge Löwen und Drachen niedertreten«,
singt der 91. Psalm.

Es berührt mich sehr nahe, wie dieses Bäumchen Mensch sich hier
unbekümmert entfaltet und nur eben mit dem linken Blatt ein wenig nach
oben ausweicht, damit die Zähne des Panthers nicht es selbst erfassen statt
dem Schwanz der Schlange. Es steht da, zart und sicher und geborgen. Es
wirkt wie ein Spott auf die Kräfte der umgebenden Tiere, denen
zugemutet ist, vor diesem wehrlosen Geschöpf haltzumachen, weil Gott,
der seine Macht in Christus ja eher verborgen als offenbart hat, es schützt.
Ich stelle mir vor: Vor neunhundert Jahren schon standen Mütter und
Väter vor diesem Taufstein und betrachteten seine Bilder, während ihr
Kind über das Wasser gehalten oder ins Wasser eingetaucht wurde zum
Zeichen der Bewahrung. Es war schon ihnen, die ein wehrloses
Menschenkind in diese Welt begleiteten, in der es nicht nur bedroht war
von allen Seiten, sondern auch selbst nicht davor bewahrt werden konnte,
an Haß und Streit und aller Schuld im eigenen Herzen teilzuhaben, ein
solches Zeichen.

Wir denken gerade heute wieder darüber nach, ob man Kinder, die noch
nichts vom christlichen Glauben wissen und verstehen können, taufen
dürfe. Vieles spricht dafür, daß wir unsere Sitte der Kindertaufe immer
wieder überprüfen und die Taufe der Erwachsenen immer wieder neben
ihr vollziehen.
Der Taufstein von Freudenstadt mit seinen zarten Pflänzchen will sagen:
Das Entscheidende tut beim unmündigen Kind ebenso wie beim
Erwachsenen nicht der Mensch, sondern Gott. Vor den Mäulern, die wir
eben sahen, rettet man sich nicht dadurch, daß man seine erwachsene
Kraft einsetzt, seinen Glauben und seine Gedanken, seinen Willen und

18

seine Aktivität, sondern allein dadurch, daß Gott seine Hand um das bedrohte Wesen legt, ob es nun ein Kind ist oder ein Erwachsener. Denn daß wir vor Gott und vor den eigentlichen Bedrohungen des Lebens nicht stärker sind als das kleinste Kind, das ist jedem klar, der offene Augen hat.

EINE QUELLE IN DER WÜSTE

Wenn ich über das Wasser nachdenke, fällt mir immer wieder eine Wanderung ein, die ich in einer heißen, einer glühenden Wüste unternahm. Als ich durch eine Schlucht ging, fing es plötzlich in der Ferne an leise zu rauschen, und als ich näherkam, stand ich brausenden Wasserfällen gegenüber aus kühlem, kristallklarem Wasser. Da brachen plötzlich nicht nur Quellen auf, da schien das Leben insgesamt aufzubrechen mitten in der Steinwüste (s. S. 20). Hier würde ich, wenn ich könnte, mein nächstes Enkelkind taufen – es ist vier Stunden zu Fuß von jener Stelle, an der Jesus sich von Johannes hatte taufen lassen. Ich stelle mir vor, ich würde von diesem Wasser eine Handvoll nehmen, es ihm über die Stirn laufen lassen wie einen kleinen Bach und es Gott ans Herz legen mit dem alten Wort:

Ich taufe dich auf den Namen Gottes,
des Vaters und des Sohnes und des Heiligen Geistes.
Die Kraft des Höchsten sei über dir.
Seine Liebe erfülle dich.

Er lasse über dir leuchten sein Licht und mache dich
zu einem Kind des Lichts und des Friedens.
Er behüte dich vor allem Übel.
Er behüte deine Seele.
Er behüte deinen Ausgang und Eingang
von nun an bis in Ewigkeit.